Punchs
100 recettes exotiques

Nadine JEANNE
Laurence LEFEBVRE
Delphine LOUYS

Dormonval

CH – LUCERNE

✗	préparation très simple
✗✗	préparation facile
✗✗✗	préparation élaborée
○○●	peu coûteuse
○●●	raisonnable
●●●	chère

Photographies : SAEP/Jean-Luc SYREN et Valérie WALTER.
Coordination : SAEP/Éric ZIPPER.
Composition et photogravure : SAEP/Arts Graphiques.
Impression : Union Européenne.

Conception : SAEP CRÉATION
68040 INGERSHEIM - COLMAR

Des Antilles, de la Réunion, de la Guyane... le rhum est l'un des meilleurs alcools pour les cocktails. Il se marie à merveille avec nombre de jus de fruits, de liqueurs, de sirops, avec du café, du thé, des épices...

Vous le dégusterez, à votre guise, glacé et désaltérant allongé de jus de fruits, de sirops... plutôt en fin d'après-midi, à l'abri d'un parasol ou, mieux encore, protégé par l'ombre d'un arbre, à l'heure divine où la température devient plus clémente.

Il accompagnera également la fin du repas, rhum arrangé, macéré parfois plusieurs mois avec fruits, vanille, cannelle... toutes sortes d'épices, toutes sortes de saveurs exquises.

Enfin, il comblera de douceur vos soirées d'hiver au coin du feu, punch chaud, servi brûlant, délicatement sucré et parfumé.

Cela dit, pas d'affolement, même sans arbre, sans soleil ni feu de cheminée, accommodé avec un peu de conviction (et d'amour, aussi), et partagé entre amis... il vous fera toujours voyager !

Vous l'aurez compris, à chaque heure, à chaque saison sa boisson, mais également à chaque boisson son rhum. Votre bar devra donc être muni de deux bouteilles : l'une de rhum blanc, léger, l'autre de rhum vieux, pour certains cocktails et pour les punchs chauds.

Un petit conseil peut-être : ne jouez pas tout de suite les apprentis sorciers. De délicieux cocktails ont certes été parfois inventés par hasard, mais... testez quand même en premier lieu quelques recettes. Aucune restriction, en revanche, au sujet de la décoration des verres. Faites comme bon vous semble, comme votre imagination vous le dicte, en respectant simplement l'harmonie des couleurs. Votre créativité fera, de toute façon, la moitié de votre succès.

Allez ! En route pour de joyeux mélanges savamment orchestrés...

HISTOIRE DU RHUM

LES DIFFÉRENTES QUALITÉS DU RHUM

La partie basse des tiges de canne à sucre est passée au moulin pour en extraire un jus sucré, le vesou, dont on fait le sucre. On obtient le rhum soit directement du jus de canne (vesou), soit des résidus de l'extraction du jus (mélasse).

Le rhum tel que défini par la Communauté Européenne est une boisson spiritueuse obtenue par fermentation alcoolique et distillation soit des mélasses ou des sirops provenant de la fabrication du sucre de canne, soit du jus de la canne à sucre. La distillation doit être à moins de 96 % d'alcool afin de garder des caractères de saveur, de parfum, de goût. Il existe également une appellation d'origine en ce qui concerne les rhums provenant des départements français.

Les rhums de vesou sont des rhums agricoles (55 % d'alcool, Antilles) et comprennent :
— le rhum blanc ou grappe blanche, âpre et rude parfois, surtout utilisé pour la consommation locale et le ti-punch en particulier ;
— le rhum agricole vieux, de grande finesse aromatique, élevé en fûts de chêne de petite capacité entre trois et dix ans et mis en bouteilles chez le producteur et sous sa marque ;
— le rhum paille, coloré par un ou deux ans dans des foudres en chêne de grande capacité ;
— le rhum traditionnel, qui est une catégorie supérieure au rhum agricole car la chaîne de fabrication doit se trouver dans un même lieu (appellation d'origine simple).

Les rhums de mélasse sont des rhums industriels ou de sucrerie (plus de 90 % de la production mondiale) distillés et exportés entre 65 et 70° (le maximum autorisé est de 80°), ramenés à 44° par adjonction d'eau pure. On distingue les rhums lourds et les légers.

Les rhums lourds ont une forte teneur en éléments non alcoolisés et concernent :
— le rhum « grand arôme » (vinasse ajoutée à la mélasse pour la fermentation), au fort pourcentage d'éléments non

alcoolisés (de 600 à 1 000 g/hectolitre d'alcool pur ou HAP), obtenu par une fermentation de longue durée (huit à dix jours), produit surtout en Martinique, destiné à la cuisine, à la pâtisserie ;

— le rhum traditionnel, pour les pays ACP, ou le rhum traditionnel de sucrerie, pour les DOM, parfumé, incolore. Il arrivait teinté après avoir voyagé dans des tonneaux riches en tanins. Aujourd'hui teinté par addition de caramel, le rhum ambré actuel est la qualité la plus courante en France. On l'utilise dans les grogs et les crêpes.

Le rhum léger est le produit d'une distillation plus poussée, avec une forte teneur alcoolique. Il est principalement destiné à la fabrication de cocktails aux États-Unis. Plutôt rare en France, il représente pourtant l'essentiel de la production aux Antilles anglaises et en Amérique centrale.

DE LA CANNE À SUCRE...

L'extraction du sucre de canne est connue depuis plus de deux mille ans dans le sud de la Chine et en Inde, où on en faisait une sorte de miel. Vers 510, les Perses l'apporteront sur les bords de la Méditerranée orientale et les Arabes au VIIe siècle, l'introduiront dans tout le bassin. Les Espagnols et les Portugais, au XVe siècle, seront les premiers à l'implanter dans leurs colonies d'outre-mer, aux Canaries, à Madère, au Cap Vert, puis au Brésil, à Cuba, aux Antilles, au Mexique. Les Hollandais et les Français l'exporteront dans les îles de l'océan Indien et de l'Indonésie. La canne se plaît dans tous les endroits humides et chauds, les Antilles seront son terrain de prédilection. La production de la canne à sucre s'intensifiera et enrichira les Occidentaux grâce à une main-d'œuvre gratuite : les esclaves.

... AU RHUM

On découvre au XVe siècle l'eau-de-vie qu'on tire de la mélasse ou des produits résiduels de la canne à sucre. Le premier témoignage sur le rhum nous vient du père du Tertre, qui a écrit *Histoire générale des Antilles habitées par les Français*. Le rhum, à ses débuts, est la boisson des esclaves et des marins (pirates et autres). Les boucaniers en faisaient aussi leur consommation et leur trafic en plus de celui de la viande. Les Blancs pauvres, « engagés », artisans, boivent du rhum car il se trouve être meilleur marché que le vin, même si celui-ci est préféré. Le succès du rhum auprès de tous les écumeurs du Nouveau Monde s'explique par son prix, sa conservation aisée, ses vertus médicinales (mélangé avec du citron, il était un bon remède contre le scorbut, par exemple). Le rhum fut même une véritable monnaie en Australie à la fin du XIXe et au début du XXe siècles, mais on s'en servira aussi comme monnaie d'échange pour la traite des Noirs. Ainsi, les producteurs de canne à sucre fourniront la mélasse dont on fabrique le rhum, qui servira à acheter des Africains qui travailleront comme esclaves dans les champs de canne à sucre... Le rhum fait également partie, dans les colonies, d'un commerce local acharné auquel participent Blancs, Noirs, libres, mulâtres... On lui supposait une vertu de guérison pour toute maladie, fièvre, etc. Ce sous-produit de l'industrie sucrière possède un goût peu délicat, voire brutal, et il faudra attendre quelques améliorations techniques pour que des palais plus délicats puissent l'apprécier.

SA PROPAGATION

Les techniques de la distillation, en progression dès le XVIe siècle, s'amélioreront nettement au XVIIIe siècle. Le dominicain Labat y aurait largement contribué pourtant ; d'aucuns affirment qu'il se serait attribué certaines découvertes.

Le dynamisme de la production s'explique par l'accroissement de la production du sucre, l'amélioration des techniques de la distillation, qui a une évolution semblable à celle de l'alcool de vin et de grains, et l'augmentation du nombre de consommateurs. Les Nord-Américains offriront un débouché au commerce du rhum et s'en serviront beaucoup comme monnaie d'échange avec l'extérieur, ainsi qu'avec les Anglo-Saxons sur le continent américain.

Le rhum mettra du temps à s'implanter en Europe. Toutefois, Londres reçoit plus de la moitié du rhum dans les années 1770. L'île de la Barbade et la Jamaïque seront les plus gros producteurs de cette époque. Les Anglais, qui dominent le commerce mondial du rhum, le réexpédient soit en Afrique (trafic d'esclaves), soit en Europe. Ils ont largement contribué à la propagation du rhum en Occident et dans le monde. En France, les producteurs d'eau-de-vie de vin retarderont l'arrivée de ce concurrent trop bon marché. Seules les différentes maladies, dont le phylloxéra, qui ravageront au XIXe siècle le vignoble français, permettront l'introduction du rhum. Saint-Pierre de la Martinique deviendra alors un grand centre de production… jusqu'en 1902, date de l'éruption de la montagne Pelée, qui détruira toute la ville.

À Cuba, dans la seconde moitié du XIXe siècle, la marque Bacardi voit le jour et conquiert rapidement les États-Unis grâce à la politique prohibitionniste américaine. À cette période, le Daïquiri (rhum et jus de citron) et le Cuba libre (rhum et soda au cola) font leur apparition ; les premiers cocktails sont nés. La Havane devient le bar des États-Unis. Castro chassera Bacardi, mais l'entreprise familiale est déjà installée à Porto Rico, qui deviendra le premier producteur au monde de rhum, ainsi qu'au Mexique.

ACTUELLEMENT…

La production mondiale se trouve essentiellement aux Antilles, en Amérique centrale ou du Sud. Les DOM-TOM ne produisent qu'une faible partie et possèdent le marché surtout en France métropolitaine et sur place.

Bacardi domine nettement le marché mondial et trouve un excellent débouché à sa production en Amérique du Nord, premier consommateur de rhum au monde. La marque est toujours présente en Amérique centrale, au Canada et au Brésil. Première marque de spiritueux vendue dans le monde, ce rhum se consomme essentiellement en cocktails.

Le Brésil est, devant Cuba, le premier producteur mondial de canne à sucre, à partir de laquelle il fabrique sa célèbre cachaça.

LES USTENSILES DE BASE

Il n'y a pas une, mais plusieurs façons d'élaborer un cocktail. Même s'il n'est pas nécessaire d'être outillé comme un professionnel pour le réaliser, certains ustensiles de base sont pourtant indispensables.

Le shaker : c'est l'ustensile qui permet de mélanger de façon homogène tous les ingrédients et d'obtenir une préparation rapidement rafraîchie. Le shaker sera toujours garni de quelques cubes de glace ou de glace pilée avant de recevoir les autres ingrédients (dans l'ordre : jus de fruits, sirop, crème, blanc d'œuf, alcool) (1). On agite alors énergiquement le shaker (mouvement du haut vers le bas) pendant une dizaine de secondes, puis on verse dans un verre en passant la glace à l'aide d'une passoire (2).

1

2

Le verre à mélange : il s'agit d'un grand récipient évasé, en verre, qu'on utilise pour la préparation des cocktails dont les divers ingrédients doivent être mélangés, mais non frappés. Il est généralement gradué et a, parfois, un bec verseur. On dispose, en général, quelques cubes de glace dans le fond du verre à mélange, on verse les ingrédients, puis on tourne rapidement et énergiquement à l'aide d'une cuillère à mélange avant de transvaser la préparation dans un verre.

BON À SAVOIR

Le shaker, comme le verre à mélange, seront garnis de glace avant de recevoir les autres ingrédients. Grâce à eux, la boisson préparée sera rafraîchie dans les règles de l'art. On ne doit donc en aucun cas mettre les alcools au réfrigérateur... Au moment de verser le cocktail dans les verres, on retient la glace en s'aidant d'une passoire.

Quant aux boissons réalisées directement dans le verre, on tapisse simplement le fond de quelques glaçons avant de verser les autres ingrédients.

Attention : on ne met jamais d'ingrédients gazeux (champagne, eau gazeuse, soda...) dans un shaker au risque de perdre les gaz qu'ils contiennent.

Le mixeur : il permet non seulement de centrifuger et de hacher les morceaux de fruits qui entrent dans la composition de certains cocktails, mais également d'obtenir un mélange à la fois mousseux et onctueux.

D'autres ustensiles plus communs seront régulièrement utilisés, tels que :
— un grand récipient en verre ;
— une planche à découper ;
— un couteau pointu ;
— des râpes (zestes d'agrumes, noix de muscade) ;
— un économe (idéal pour prélever les zestes) ;
— un presse-agrumes ;
— un verre mesureur ;
— un seau à glace ;
— une pince à glaçons ;
— des piques (pour piquer une cerise sur un quartier de citron, par exemple) ;
— des pailles de couleur et des objets de décoration (parasols…).

LES VERRES

Les verres ne se déclinent pas à l'infini, mais presque. Forme, contenance, couleur… encore une belle histoire de goût qui laisse libre cours à l'imagination. Voici quelques indications pour s'y retrouver et pour orienter ses choix :

— les *shorts drinks* à base d'alcools blancs se servent plutôt dans des verres à cocktail (de 7 à 12 cl) ;

— les *longs drinks* se servent généralement dans des tumblers : 15 à 33 cl pour le tumbler *old fashioned* ; 25 cl pour le *highball* et 30 à 50 cl pour le *grand collins* ;

— les *hot drinks* (grogs) requièrent des verres épais munis, de préférence, d'une anse.

GLACER OU RÉCHAUFFER UN VERRE

Pour obtenir un verre glacé, on peut soit le remplir de glace pilée et tourner jusqu'à ce que l'extérieur du verre soit complètement embué, puis jeter les glaçons, soit mettre le verre au réfrigérateur ou au freezer.

À l'inverse, pour réchauffer un verre, on le remplira tout d'abord d'eau chaude (pour éviter que le verre ne se brise sous l'effet d'une trop forte température), puis d'eau bouillante.

GIVRER ET DÉCORER UN VERRE

Selon les ingrédients qui composent le cocktail, ce dernier aura une teinte plus ou moins relevée. Pour lui ajouter une note de couleur ou, à l'inverse, pour l'adoucir, ce sont le givrage du verre et la décoration qui entrent en jeu.

Pour un givrage blanc, on utilisera du sucre en poudre, de la noix de coco râpée et même parfois du sel. Pour la couleur, les sirops sont à l'honneur (menthe, grenadine, cassis…), mais rien n'empêche de givrer un verre au cacao ou au café.

Pour givrer un verre à cocktail au sucre blanc, à la noix de coco ou au cacao, tremper ses bords en tournant dans du blanc d'œuf puis dans du sucre en poudre, de la noix de coco râpée ou du cacao. On peut remplacer le blanc d'œuf par du jus de citron et, dans ce cas, humecter les rebords du verre avec un quartier de citron. Il faut savoir que plus on laisse les bords du verre dans le sucre et plus le givrage est important.

Quant au givrage de couleur, il suffit d'humecter les bords du verre avec du jus de citron, puis de les passer dans du sucre et enfin de laisser imbiber cette couronne, dans un sirop de la couleur choisie.

DES ASTUCES FACE À LA GLACE…

— Pour obtenir de la glace pilée, il suffit de broyer des cubes de glace à l'aide d'un broyeur ou de les placer dans un torchon, de rabattre les bords et de les réduire à l'aide d'un maillet en bois ou d'un marteau. Même démarche pour la glace concassée, mais cette fois grâce à un pique à glace.

— Pour éviter que les cubes de glace ne s'agglutinent, verser un peu d'eau gazeuse dans le seau à glaçon.

Pour la décoration d'un verre à cocktail, aucun secret, c'est plutôt l'imagination qui est de rigueur. Tout est permis pour mettre une boisson en valeur, rondelles, quartiers ou morceaux de fruits, cerises à cocktail ou confites, caramboles, olives, cannelle, muscade, noix de coco râpée, feuilles de menthe… posés sur le bord du verre, dressés en brochette ou saupoudrés, une palette d'ingrédients à utiliser à merci avec pour seule contrainte l'harmonie des couleurs et des saveurs.

Punch vieux

3/4 de rhum vieux / 1/4 de sirop de sucre de canne.

○○●●○○ ✂   Prép. : 10 sec

Mélanger les deux ingrédients.

Ce punch peut être consommé ainsi en comptant 5 cl de rhum par personne et en ajoutant 1 glaçon et, selon le goût, quelques gouttes de jus ou un petit zeste de citron vert.

Il entre aussi dans la préparation de punchs plus élaborés.

LE PUNCH... À L'ORIGINE

Ce mot viendrait du mot indien panch *qui signifie « cinq ». Les Anglais avaient en effet pour habitude de mélanger le rhum à quatre autres produits : le thé, le citron, le sucre et la cannelle.*

Sirop de sucre

500 g de sucre en poudre.

○● ✂   Prép. : 10 sec – Cuiss. : 10 min

Verser 1/2 litre d'eau dans une casserole. Ajouter le sucre. Mettre à chauffer doucement en remuant constamment.

Quand le sucre est complètement dissous, retirer du feu et laisser refroidir. Puis verser avec un entonnoir dans une bouteille en verre que vous pouvez fermer. Conserver au réfrigérateur.

Bien qu'ayant un goût plus neutre, ce sirop de sucre peut remplacer aisément le sirop de sucre de canne dans n'importe quelle préparation.

Alexander

2 cl de crème de cacao / 2 cl de crème fraîche / 4 cl de rhum vieux / Noix de muscade râpée.

○○**OO** ✕   Pour 1 verre (

Disposer quelques cubes de glace dans un shaker. Ajouter la crème de cacao, la crème fraîche et le rhum. Frapper.

Verser dans un verre à cocktail givré (jus de citron/sucre blanc) puis saupoudrer de noix de muscade râpée.

Aurore

6 cl de rhum blanc / 2 cl de liqueur de framboise / 2 cl de Mandarine Impériale.

○**OOO** ✕   Pour 1 verre (

Verser le rhum blanc, la liqueur de framboise et la Mandarine Impériale dans un shaker rempli à mi-hauteur de glace pilée.

Frapper puis verser dans des verres à cocktail givrés (sucre blanc/sirop de grenadine) en retenant la glace.

Décorer d'une brochette de framboises et de quartiers de mandarine.

Blue Hawaiian

1 filet de citron / 1 cuil. à soupe de crème de coco / 5 cl de rhum blanc / 4 cl de Cointreau / 1 trait de curaçao bleu.

OO ✕   Pour 1 verre (

Dans un shaker garni à mi-hauteur de cubes de glace, verser le jus de citron, la crème de coco, le rhum, le Cointreau et le curaçao.

Frapper puis verser dans un verre à cocktail givré (jus de citron/noix de coco râpée) en retenant la glace.

Décorer de feuilles de menthe.

Copacabana

4 cl de jus de pamplemousse / 2 cl d'Apricot Brandy / 4 cl de rhum vieux.

Pour 1 verre   ✗ ●●●○

Verser le jus de pamplemousse, l'Apricot Brandy et le rhum dans un shaker garni de quelques glaçons.

Frapper puis verser dans des verres à cocktail givrés (sucre blanc/sirop de grenadine) en retenant la glace.

Décorer d'un physalis.

Cuba libre

6 cl de rhum blanc / 1/2 citron vert / Environ 18 cl de soda au cola.

○○**OO** ✗   Pour 1 verre

Verser le rhum directement dans un tumbler rempli à moitié de glace. Presser le demi-citron à la main, puis le laisser tomber dans le verre givré (jus de citron/sucre blanc). Remuer à l'aide d'une cuillère à mélange.

Allonger avec du soda au cola.

Décorer d'un quartier de citron vert.

Cup Crillon

4 cl de rhum blanc / 1 cl de crème de cassis / 1 cl de Grand Marnier / 1 cl de jus de citron / Ginger ale.

○**OOO** ✗   Pour 1 verre

Verser le rhum, la crème de cassis, le Grand Marnier et le jus de citron dans un shaker garni à mi-hauteur de cubes de glace.

Frapper puis servir dans un tumbler givré (sucre blanc/sirop de cassis) en retenant la glace. Allonger de ginger ale.

Décorer d'un zeste de citron.

Daïquiri

Le jus de 1 petit citron vert / 1 cuil. à café de sirop de sucre de canne / 1 trait d'angostura / 6 cl de rhum blanc.

OO ✗   Pour 1 verre

Verser le jus de citron, le sirop de sucre de canne, l'angostura et le rhum blanc dans un shaker garni à mi-hauteur de glace pilée.

Secouer énergiquement, puis verser dans un verre à cocktail givré (sucre blanc/sirop de menthe), en retenant la glace.

Décorer de deux demi-rondelles de citron vert.

Daïquiri menthe

3 cl de jus de citron vert / 1 cuil. à café de sirop de sucre de canne / 3 cl de crème de menthe blanche / 6 cl de rhum blanc.

○○**OO** ✕   Pour 1 verre (

Verser le jus de citron, le sirop de sucre de canne, la crème de menthe et le rhum dans le bol d'un mixeur rempli à mi-hauteur de glace pilée.

Mélanger 10 à 20 secondes, puis verser dans un tumbler givré (sucre blanc/sirop de menthe) en retenant la glace.

Décorer de feuilles de menthe, d'une brochette de morceaux d'angélique confite.

Daïquiri pêche

1 pêche mûre / 3 cl de jus de citron vert / 3 cl de liqueur de pêche / 1 cuil. à café de sirop de sucre de canne / 6 cl de rhum blanc.

○○**OO** ✕✕   Pour 1 verre (

Éplucher la pêche, supprimer le noyau et couper la chair en petits morceaux. Verser le jus de citron, la liqueur et les morceaux de pêche, le sirop de sucre de canne et le rhum dans le bol d'un mixeur garni d'un peu de glace pilée. Mélanger à grande vitesse pendant 1 minute.

Lorsque le mélange est bien onctueux, verser dans un tumbler givré (sucre blanc/sirop de grenadine).

Décorer d'une rondelle de citron vert et d'une cerise confite.

Diablotin

4 cl de coulis de framboises / 10 cl de jus de goyave / 1 trait de liqueur de cassis / Le jus de 1/2 citron / 4 cl de rhum blanc.

Pour 1 verre   ✖ ⬤⬤◯◯

Verser le coulis de framboises, le jus de goyave, la liqueur de cassis, le jus de citron et le rhum dans le bol d'un mixeur garni de glace pilée. Mixer une dizaine de secondes. Lorsque le mélange est bien homogène et mousseux, servir dans un tumbler givré (jus de citron/noix de coco râpée).

Décorer d'une rondelle de citron et d'une brochette de framboises.

Funny coffee

Le jus de 1 citron / 4 cl de rhum blanc / 2 cl de triple-sec / 2 cl de crème de café.

○**○○○** ✕   Pour 1 verre (

Verser dans un verre à mélange un peu de glace pilée, le jus de citron, le rhum blanc, le triple-sec et la crème de café. Mélanger énergiquement pendant quelques secondes à l'aide d'une cuillère à mélange.

Verser dans un tumbler givré (jus de citron/sucre blanc/café), en retenant la glace.

Décorer d'une tranche de carambole.

Mirage

Le jus de 1 citron vert / 1 trait de sirop de sucre de canne / 1 blanc d'œuf / 4 cl de rhum vieux.

○○○○**○** ✕   Pour 1 verre (

Verser le jus de citron, le sirop de sucre de canne, le blanc d'œuf et le rhum dans un shaker garni de glace pilée.

Secouer énergiquement puis verser dans un verre à cocktail givré (jus de citron/cacao) en retenant la glace.

Décorer d'une écorce de citron vert.

Mojito

Quelques feuilles de menthe / 1/2 cuil. à café de sucre de canne / Le jus de 1/2 citron vert / 5 cl de rhum blanc / Eau gazeuse (ou soda).

○○ ✕   Pour 1 verre (

Déposer quelques feuilles de menthe dans un tumbler givré (jus de citron/sucre blanc), verser le sucre de canne, le jus de citron et, à l'aide d'une cuillère, écraser les feuilles de menthe. Ajouter de la glace pilée, le rhum, et compléter avec de l'eau gazeuse.

Décorer d'une cerise confite et d'une feuille de menthe piquées avec une rondelle de citron vert.

Maï taï

1 trait de jus de citron vert / 1 trait de sirop d'orgeat /
1 trait de sirop de grenadine / 2 cl de rhum blanc / 4 cl de
rhum brun / 3 cl de triple-sec (curaçao orange).

Pour 1 verre

✗ ⭘⭘⭘◯

Dans un shaker contenant de la glace pilée, verser le
jus de citron, le sirop d'orgeat, la grenadine, les rhums et
le triple-sec.

Frapper puis verser le maï taï dans un tumbler givré (jus
de citron/sucre blanc)
en retenant
la glace.
Ajouter 2
cubes de
glace dans
le verre.

Décorer
d'une ron-
delle d'orange.

Piña colada

1 tranche d'ananas frais / 5 cl de jus d'ananas / 5 cl de rhum blanc / 5 cl de lait de coco.

○○●● ✕   Pour 1 verre

Verser la tranche et le jus d'ananas, le rhum et le lait de coco dans le bol d'un mixeur. Mixer jusqu'à ce que le mélange soit devenu bien mousseux.

Verser la préparation dans un tumbler givré (jus de citron/sucre blanc) garni d'un peu de glace pilée.

Décorer d'une tranche d'ananas.

Punch coco

7 cl de rhum blanc / 7 cl de lait de coco / 1 trait de jus de citron vert / 2 cl de sirop de sucre de canne / Une pincée de cannelle en poudre.

○○●● ✕   Pour 1 verre

Verser dans un shaker garni à mi-hauteur de glace pilée le rhum blanc, le lait de coco, le jus de citron vert, le sirop de sucre de canne et la cannelle.

Frapper et servir dans un tumbler givré (sucre blanc/sirop de menthe) en retenant la glace.

Décorer de noix de coco râpée.

On peut également servir le punch coco dans une noix de coco évidée.

Planteur's punch

*4 cl de rhum ambré / 4 cl de jus de citron / 4 traits de gre-
nadine / Quelques gouttes d'angostura.*

Pour 1 verre

✗ ⭘⭘◯◯

Déposer quelques cubes de glace dans un tumbler givré (jus de citron/sucre roux). Ajouter le rhum, le jus de
citron, la grenadine et quelques gouttes d'angostura.

Mélanger à l'aide d'une cuillère.

Décorer d'angélique confite piquée sur une rondelle
d'orange.

Punch à la vanille

6 cl de rhum blanc / 4 cl de sirop de sucre de canne / 1 goutte d'extrait de vanille naturelle / 1 filet de jus de citron.

◯◯**OO** ✖   Pour 1 verre

Dans un shaker rempli à mi-hauteur de glace pilée, verser le rhum, le sirop de sucre de canne, la vanille et le jus de citron. Remuer énergiquement puis verser dans des verres à cocktail givrés (jus de citron/noix de coco râpée) en retenant la glace.

Décorer d'une rondelle de kiwi.

Punch anisé

8 cl de jus d'orange / 2 pincées de cannelle / 4 cl d'anisette / 4 cl de rhum blanc.

◯◯**OO** ✖   Pour 1 verre

Verser le jus d'orange, la cannelle, l'anisette et le rhum dans un shaker contenant de la glace pilée.

Frapper, puis verser dans un tumbler givré (sucre blanc/sirop de grenadine) en retenant la glace.

Décorer d'une cerise à cocktail et d'angélique confite piquées avec une rondelle d'orange.

Punch litchis

2 cl de jus de litchi / 1 trait de jus de citron / 3 cl de lait de coco / 1 trait de sirop de sucre de canne / 4 cl de rhum ambré / Soda.

OO ✖   Pour 1 verre

Dans un shaker garni de quelques cubes de glace, verser les jus de litchi et de citron, le lait de coco, le sirop de sucre de canne et le rhum.

Agiter énergiquement pendant une dizaine de secondes, puis servir dans un tumbler givré (jus de citron/sucre blanc/café). Allonger avec le soda.

Décorer d'une tranche de carambole.

Punch melon

1 petit melon / 4 cl de jus de mangue ou de pêche / Le jus de 1/2 citron vert / 4 cl de rhum blanc / 2 cl de Grand Marnier.

◯●●● ✗✗   Pour 1 verre

Ôter les pépins du melon puis couper la chair en petits morceaux. Les déposer dans le bol d'un mixeur, puis ajouter les jus de mangue et de citron, le rhum et le Grand Marnier. Mixer à vitesse élevée pour obtenir un mélange bien homogène, puis servir dans un tumbler givré (sucre blanc/sirop de grenadine).

Décorer d'une brochette de morceaux de mangue ou de pêche avec une cerise confite au milieu.

Punch orchidée

6 cl de rhum blanc / 3 cl de liqueur de café / 1 cuil. à café de crème fraîche.

◯◯●● ✗   Pour 1 verre

Verser le rhum, la liqueur de café et la crème dans un shaker garni de glace pilée.

Frapper, puis verser dans un tumbler givré (jus de citron/sucre/café) en retenant la glace.

Décorer d'une cerise confite.

Punch passion

6 cl de jus de fruits de la passion / 2 gouttes d'extrait de vanille naturelle / Une pincée de muscade / Une pincée de cannelle / 4 cl de rhum blanc / Le jus de 1/2 citron vert.

●● ✗   Pour 1 verre

Disposer un peu de glace pilée dans un shaker. Ajouter le jus de fruit, les épices, le rhum et presser le 1/2 citron.

Secouer énergiquement puis verser dans un tumbler givré (jus de citron/cacao) en retenant la glace.

Décorer d'une rondelle de kiwi.

Punch royal

1 banane mûre / 12 cl de jus d'ananas / 6 cl de lait de coco / 6 cl de rhum ambré / 1 cuil. à café de crème fraîche.

Pour 1 verre

Éplucher la banane et la couper en rondelles.

Verser le jus d'ananas, le lait de coco, le rhum, la crème et les rondelles de banane dans le bol d'un mixeur garni de glace pilée. Mélanger à grande vitesse afin d'obtenir une préparation homogène et mousseuse.

Verser dans un tumbler givré (jus de citron/noix de coco) en retenant la glace.

Décorer d'une rondelle de banane piquée sur une tranche d'ananas.

Rhum sour

3 cl de jus de citron vert / 1 filet de sirop de sucre de canne (facultatif) / 6 cl de rhum ambré.

○○○○**O** ✖

Pour 1 verre

Mettre le jus de citron, éventuellement le sirop de sucre de canne, et le rhum dans un shaker garni à mi-hauteur de cubes de glace.

Frapper et servir dans un verre à cocktail givré (sucre blanc/menthe) en retenant la glace.

Décorer d'une cerise confite piquée sur une rondelle de citron vert.

Rhum fizz

Le jus de 1 citron vert / 1 trait de sirop de sucre de canne / 4 cl de rhum blanc / Eau gazeuse.

○**O** ✖

Pour 1 verre

Verser le jus de citron, le sirop de sucre de canne et le rhum dans un shaker garni à mi-hauteur de glace pilée.

Frapper puis verser dans un tumbler givré (sucre blanc/sirop de menthe) en retenant la glace. Ajouter 2 cubes de glace et allonger avec de l'eau gazeuse.

Décorer d'une écorce de citron vert.

Riviera

4 cl de jus d'ananas / 4 cl de Cointreau / 4 cl de rhum blanc.

Pour 1 verre

Verser le jus d'ananas, le Cointreau et le rhum dans un shaker garni aux trois quarts de cubes de glace.

Frapper puis servir dans un verre à cocktail givré (sucre blanc/sirop de grenadine) en retenant la glace.

Décorer d'une tranche d'ananas.

Scorpion

4 cl de jus d'orange / 4 cl de jus de citron / 6 cl de rhum blanc / 1 cl de cognac.

Pour 1 verre

Verser les jus d'orange et de citron, le rhum et le cognac dans un shaker garni à mi-hauteur de cubes de glace.

Frapper puis verser dans un grand verre à cocktail givré (sucre/sirop de cassis) en retenant la glace.

Décorer d'une cerise à cocktail piquée sur une rondelle d'orange.

Strawberry punch

5 fraises mûres / 4 cl de rhum blanc / 2 cl de jus de citron / 3 cl de sirop de fraise.

Pour 1 verre

Laver, équeuter et couper les fraises en quatre.

Verser le jus de citron, le rhum, le sirop et les morceaux de fraises dans le bol d'un mixeur garni de cubes de glace. Mixer jusqu'à ce que le mélange soit devenu bien onctueux.

Servir le Strawberry punch dans un verre à cocktail givré (sucre blanc/sirop de menthe).

Décorer d'une brochette de fraises et de feuilles de menthe.

Ti-punch

1 filet de sirop de sucre de canne / 1/2 quartier de citron vert / 5 cl de rhum blanc / 1 glaçon (facultatif).

◯◯◯◯**O** ✗   Pour 1 verre (

Verser le sirop de sucre de canne dans un verre à punch. Presser le citron par-dessus et le laisser tomber dans le verre. Remuer. Ajouter le rhum et remuer de nouveau.

Boire le Ti-punch accompagné d'un verre d'eau.

Ti-punch vieux

1 cuil. à soupe de sirop de sucre de canne / Le zeste de 1 citron vert / 5 cl de rhum vieux.

◯◯◯**O** ✗   Pour 1 verre (

Verser le sirop de sucre de canne dans le verre et ajouter le zeste de citron. Remuer.
Ajouter le rhum et remuer de nouveau.

Boire le punch accompagné d'un verre d'eau.

Tomato punch

16 cl de jus de tomate / 4 cl de rhum blanc / Le jus de 1/2 citron vert / Quelques gouttes de Tabasco / Sel de céleri.

OO ✗   Pour 1 verre (

Verser le jus de tomate, le rhum, le jus de citron, le Tabasco et le sel de céleri dans un verre à mélange garni de glace pilée.
Mélanger rapidement à l'aide d'une cuillère à mélange, puis verser dans un tumbler givré (jus de citron/sel) en retenant la glace.
Décorer d'olives et de morceaux d'oignon piqués sur une rondelle de citron vert.

Zombie

*Le jus de 1 orange / Le jus de 1 citron vert / 2 traits de gre-
nadine / 1 trait de Grand Marnier / 2,5 cl de rhum blanc /
3,5 cl de rhum vieux / 2 cl de rhum paille.*

Pour 1 verre   ✗ ⬤⬤⬤◯

   Verser les jus d'orange et de citron, la grenadine, le
Grand Marnier et les rhums dans un shaker rempli de
glace à mi-hauteur.

   Frapper et servir dans un tumbler givré (sucre blanc/si-
rop de grenadine) en retenant la glace.

   Décorer d'une cerise confite piquée sur un quartier
d'orange.

Punch ananas

4 ananas de taille moyenne / 180 g de sucre roux / 1 l de rhum blanc.

○○**OO** ✕✕   Pour 10 personnes

Éplucher soigneusement les ananas en faisant bien attention de retirer tous les petits « yeux ». Les couper en morceaux et les mixer.

Transvaser dans un grand récipient et ajouter le sucre. Laisser reposer une journée au réfrigérateur puis faire cuire le tout à petits bouillons pendant 20 minutes.

Laisser refroidir, puis ajouter le rhum. Bien mélanger. Laisser rafraîchir quelques heures puis servir dans des bols à punch.

Punch banane

650 g de bananes mûres / 1 l de rhum blanc / 160 g de sucre roux / 1 gousse de vanille.

○○**OO** ✕   Pour 8 à 10 personnes

Éplucher les bananes, les couper en rondelles et les placer dans le bol d'un mixeur avec le rhum et le sucre. Fendre la gousse de vanille en deux, en gratter les graines et les ajouter dans le mixeur. Mixer jusqu'à ce que le mélange soit bien homogène et mousseux.

Retirer la gousse de vanille.

Servir le punch banane dans des verres garnis de quelques cubes de glace.

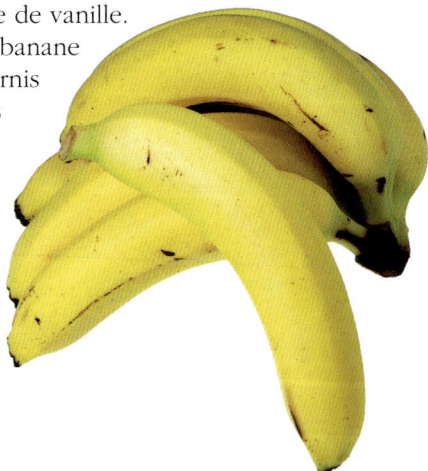

Punch créole

30 cl de rhum blanc / 1 l de jus d'orange / Le jus de 1 citron / 1 gousse de vanille / 3 cuil. à soupe de miel liquide / 7 bibasses / Sirop de grenadine.

Pour 10 personnes ✗✗ ⬤⬤◯◯

Mettre le rhum, les jus d'orange et de citron, ainsi que la gousse de vanille fendue en deux et le miel dans un grand récipient. Bien mélanger à l'aide d'une cuillère.

Éplucher et dénoyauter les bibasses, les couper en petits morceaux et les ajouter à la préparation précédente.

Laisser reposer quelques heures au réfrigérateur avant de servir dans des verres à cocktail. Faire tomber une goutte de sirop de grenadine dans chaque verre rempli.

Servir avec une gousse de vanille séchée.

Punch tahitien

1 mangue / 1 banane / 1 orange / 150 g de papaye / 50 cl de jus d'ananas / 50 cl de jus de goyave / 50 cl de rhum blanc / 25 cl de sirop de sucre de canne / 4 citrons verts / 2 gousses de vanille.

Pour 8 personnes ✗✗ ⬤⬤⬤◯

Éplucher la mangue, la banane, l'orange et la papaye (bien retirer tous les pépins de cette dernière), puis les couper en petits morceaux.

Dans un grand récipient, verser les jus d'ananas et de goyave, le rhum, le sirop de sucre de canne et le jus des 4 citrons verts. Bien mélanger à l'aide d'une cuillère.

Ajouter les 2 gousses de vanille fendues en deux et les fruits en morceaux. Laisser reposer plusieurs heures au réfrigérateur avant de servir dans des tumblers.

Décorer d'une tranche de papaye.

Lait de tigre

20 cl de vieux rhum / 1 boîte de lait concentré sucré (400 g) / 12 cl de café liquide très fort.

OO ✗   Pour 10 personnes

Verser le rhum, le lait concentré, 25 cl d'eau et le café dans une bouteille en verre de 1 l. Mettre le couvercle puis agiter vigoureusement.

Laisser rafraîchir au réfrigérateur 2 heures au moins avant de servir dans des verres à cocktail givrés (sucre et liqueur de café).

Punch
mielleux

50 cl de rhum ambré / 30 cl de liqueur de coco / 1 l de jus d'ananas / 12,5 cl de jus de citron vert / 200 g de miel liquide / Sirop de grenadine.

Pour 10 personnes

✗ ⬤⬤⬤◯

Dans un grand récipient, mélanger, à l'aide d'une cuillère, le rhum, le Malibu, les jus d'ananas et de citron, ainsi que le miel.

Verser le punch dans des verres à cocktail givrés à la noix de coco et ajouter dans chacun d'entre eux une goutte de sirop de grenadine.

Décorer de rondelles de citron vert et d'ananas.

Punch au gingembre

50 cl de rhum blanc / 10 cl de sirop de sucre de canne / 4 cuil. à café de gingembre écrasé.

○○●● ✕   Pour 8 personnes

Verser le rhum, 16 cl d'eau, le sirop de sucre de canne et le gingembre écrasé dans un grand récipient en verre. Bien mélanger à l'aide d'une cuillère.

Réserver au réfrigérateur pendant 24 heures.

Servir dans des verres à punch.

Décorer d'une tranche de carambole et d'un physalis.

Punch au thé

6 citrons verts / 1 l de rhum blanc / 1 verre de cognac /
5 sachets de thé / Sirop de sucre de canne.

Pour 8 personnes   ✗✗ ●● ○○

    Recueillir les zestes et le jus des citrons, puis verser le tout dans un récipient en verre. Recouvrir avec 1/2 l d'eau bouillante et laisser refroidir.

    Ajouter alors le rhum, le cognac, les sachets de thé et terminer par un peu de sirop de sucre de canne.

    Réserver la préparation au frais.

    Au moment de servir, retirer les sachets de thé.

    Servir dans un verre givré avec du thé noir et décorer d'une écorce de citron vert.

Planteur

10 ou 15 cl de jus de fruits exotiques (oranges, mangues, goyaves, ananas…) / 5 cl de rhum blanc / 5 cl de sirop de sucre de canne / Épices : cannelle, muscade, gingembre, girofle, vanille… / 1 cuil. à soupe de jus de citron vert / 2 ou 3 glaçons.

○○**OO** ✖   Pour 1 verre

Passer les fruits à la centrifugeuse ou au mixeur pour en extraire le jus ou utiliser du jus de fruits en bouteille.

Mettre tous les ingrédients dans un shaker.

Frapper et servir dans un verre à long drinks givré (sucre en poudre ou noix de coco râpée/sirop).

Décorer le verre avec des morceaux de fruits ou des fleurs.

Planteur cocktail de fruits

30 cl de rhum blanc / 50 cl de jus de mangue / 25 cl de jus d'orange / 25 cl de jus d'ananas / 10 cl de sirop de sucre de canne / Le jus de 1/2 citron vert / Quelques gouttes d'extrait de vanille / Une pincée de cannelle / Une pincée de noix de muscade râpée / 25 cl de glace pilée.

OO ✖   Pour 4 ou 5 personnes

Mettre tous les ingrédients dans un shaker. Bien secouer et servir dans des verres à long drinks givrés (sucre en poudre ou noix de coco râpée/sirop d'orange ou d'ananas).

Planteur aux goyaves

500 g de goyaves / 50 cl de jus d'ananas / Le jus de 1/2 citron vert / 10 cl de sirop de sucre de canne / Quelques gouttes d'extrait de vanille / 25 cl de glace pilée / 20 cl de rhum blanc / 1 tranche d'ananas (facultatif) / 4 cerises confites (facultatif).

○○**OO** ✕   Pour 4 personnes

Passer les goyaves au mixeur et les mettre dans un shaker avec le jus d'ananas, de citron vert, le sirop de sucre de canne, la vanille, le rhum et la glace pilée.

Bien secouer et servir dans des verres à long drinks givrés (sucre en poudre ou noix de coco râpée/sirop de grenadine) et décorés avec les morceaux d'ananas plantés sur des pailles avec une cerise confite.

Consommer aussitôt.

Planteur aux litchis

20 cl de rhum blanc / 75 cl de jus de litchi / 10 cl de sirop de sucre de canne / Le jus de 1/2 citron vert / 2 cuil. à soupe d'eau de rose (facultatif) / Quelques gouttes d'extrait de vanille / 25 cl de glace pilée.

OO ✕   Pour 4 personnes

Mettre tous les ingrédients dans un shaker.

Secouer énergiquement et servir dans des verres à long drinks givrés (sucre/eau de rose) et décorés, par exemple, d'une fleur de bougainvillée.

Planteur aux fraises

1 kg de fraises / 20 cl de rhum blanc / 10 cl de sirop d'or-geat / Le jus de 1/2 citron vert / 2 pincées de poivre noir / Quelques glaçons.

Pour 4 personnes

⛿ ⚫⚫⚪⚪

Mettre 4 belles grosses fraises de côté.

Laver et équeuter le restant des fraises et les passer au mixeur.

Mettre tous les ingrédients dans un shaker. Frapper et servir dans des verres à long drinks givrés (sucre en poudre/sirop de fraise).

Décorer les verres avec une fraise fendue ou piquée sur une paille.

Planteur aux trois agrumes

25 cl de rhum blanc / 10 cl de sirop de grenadine / 15 cl de jus d'orange / 15 cl de jus d'ananas / 10 cl de jus de pamplemousse / Le jus de 1/2 citron vert / Quelques gouttes d'extrait de vanille / Une pincée de cannelle / Une poignée de glaçons.

Facultatif : *1 orange ou 1 citron vert ou 1 tranche d'ananas.*

○○**OO** ✕   Pour 4 personnes

Mettre tous les ingrédients dans un shaker et secouer énergiquement.

Servir dans des verres à long drinks givrés (noix de coco râpée/sirop de grenadine).

Décorer avec une rondelle d'orange, de citron vert ou un morceau d'ananas.

Planteur
à la mandarine

*1 kg de mandarines bien mûres / Le jus de 1/2 citron vert /
10 cl de sirop de sucre de canne / 20 cl de rhum blanc /
1/2 cuil. à café de cannelle / Quelques glaçons / 8 cerises
confites (facultatif).*
Pour le givrage des verres : *Sucre en poudre / Sirop
d'orange.*

Pour 4 personnes   ✗ ⬤⬤◯◯

    Mettre de côté 4 beaux quartiers de mandarine pour la
décoration des verres. Presser le reste pour en extraire le
jus. Mettre le jus obtenu dans un shaker avec le jus de citron vert, le sirop de sucre de canne, le rhum, la cannelle
et les glaçons.

    Secouer énergiquement et servir
dans des verres à long drinks
givrés (sucre en poudre/
sirop d'orange).

    Décorer avec une bro-
chette réalisée avec un
quartier de mandarine et
2 cerises confites plantés
sur une pique à cocktails
posée en travers des
verres.

Planteur
au gingembre

20 cl de rhum blanc / 20 cl de sirop de gingembre / 20 cl de nectar de banane / 20 cl de jus de pomme / Le jus de 1/2 citron vert / 1 cuil. à soupe de crème fraîche / Quelques glaçons / 1 banane (facultatif) / 8 cerises confites (facultatif).

OO ✕

Pour 4 personnes

Mettre tous les ingrédients dans un shaker.

Frapper et servir dans des verres à long drinks givrés (sucre en poudre ou noix de coco/sirop de gingembre).

Pour la décoration des verres, vous pouvez réaliser une brochette avec une pique à cocktails sur laquelle vous enfilerez une rondelle de banane entourée de 2 cerises confites.

Planteur
pour surprise-party

1 l de rhum brun / 1 l de jus d'orange / 1 l de jus d'ananas / 1/2 l de nectar de banane / 30 cl de sirop de sucre de canne / 20 gouttes d'angostura / Le jus de 2 citrons verts / 3 bâtons de cannelle / 1 cuil. à café rase de noix de muscade râpée / 2 gousses de vanille fendues dans le sens de la longueur / 30 à 45 glaçons.

Pour 15 personnes   ✕ ⦿⦿⦿◯

Mettre tous les ingrédients dans un grand saladier, bien mélanger et réserver au réfrigérateur, recouvert d'une feuille de papier d'aluminium, pendant au moins 1 heure.

Juste avant de servir, givrer des verres à longs drinks (sucre en poudre/sirop de grenadine). Mettre 2 ou 3 glaçons par verre. Remuer le planteur et le verser à l'aide d'une petite louche.

Vous pouvez confectionner des brochettes pour décorer les verres avec des piques à cocktails plantés d'un morceau d'ananas entouré de deux cerises confites. Dans ce cas, les réaliser à l'avance et les conserver au réfrigérateur pour décorer les verres au dernier moment.

Vous pouvez aussi présenter les glaçons dans un plat à part pour que chacun mette la quantité désirée.

Tous les rhums arrangés doivent être faits à base de rhum blanc. Cette macération (rhum et fruits frais, épices et/ou herbes) permet d'améliorer le goût du rhum lorsque celui-ci manque de parfum. C'est à l'île de la Réunion qu'on en consomme et fabrique le plus, et la plupart du temps chez soi avec le rhum Charrette. On y trouve de véritables caves de rhum arrangé. Il faut enfin préciser que le rhum arrangé se déguste dans des verres à liqueur, comme digestif à la fin du repas. À bon entendeur...

Rhum mangue

7 mangues mûres / 3 l de rhum / 3 gousses de vanille / Le jus de 2 citrons verts et 6 zestes / 1 bâton de cannelle.

○○**OO** ✕   Pour 3 l de rhum arrangé

Peler les mangues, les couper en quatre.

Mettre dans un bocal les morceaux de mangues, le rhum, les gousses de vanille coupées en deux, la cannelle, les zestes et le jus des citrons.

Laisser mûrir 5 mois.

Rhum vanille

5 gousses de vanille / 1 l de rhum / 5 cuil. à soupe de sucre roux / Le zeste de 1 citron vert.

○**O** ✕   Pour 1 l de rhum arrangé

Fendre les gousses de vanille sur leur longueur.

Mettre tous les ingrédients dans un bocal. Laisser macérer 2 mois.

Rhum nature

1 l de rhum / 1 branche d'anis / 1 ou 2 feuilles de cannelle / 1 branche de romarin / 1 feuille de citronnelle / 2 grains de café grillés / 3 ou 4 feuilles de faham / 1 gousse de vanille / 10 cuil. à soupe de sucre roux.

○○○○● ✗   Pour 1 l de rhum arrangé

Mettre tous les ingrédients dans un bocal, la gousse de vanille fendue dans le sens de la longueur. Laisser macérer pendant 4 à 6 mois.

Ajouter alors, selon son goût, 2 ou 3 cuillerées de sirop de sucre de canne et laisser reposer pendant encore 2 bonnes semaines.

Rhum citron-orange

1 l de rhum / L'écorce de 1 orange pelée d'un seul tenant / L'écorce de 1/4 de citron pelé d'un seul tenant / 1 gousse de vanille / 5 cuil. à café de sucre roux / 5 cl de jus d'orange / 5 cl de jus de citron.

○○○○● ✗   Pour 1 l de rhum arrangé

Mettre tous les ingrédients avec le litre de rhum dans un bocal. Laisser macérer pendant 1 mois.

Rhum épices

2 l de rhum / 5 bâtons de cannelle séchée / 10 grains de poivre noir / 10 clous de girofle / Une bonne pincée de cumin / 1/4 de noix de muscade / 5 grains de bibasse / 2 gousses de vanille (ou 1/4 d'extrait de vanille) / 1 petit piment-oiseau / 5 cl de sirop de sucre de canne / Un bout de gingembre frais gros comme le pouce, lavé et pelé.

●● ✗   Pour 2 l de rhum arrangé

Mélanger les ingrédients et laisser macérer dans une bouteille d'une contenance de 2 l pendant au moins 3 mois.

Rhum safran

250 g de curcuma / 1 l de rhum Charrette / 10 cuil. à café de sucre roux / 5 cuil. à café de jus de citron.

Pour 1 l de rhum arrangé

✗ ⬤ ◯ ◯ ◯ ◯

Peler le curcuma (travailler avec des gants pour ne pas garder les doigts jaunes). Concasser grossièrement le curcuma.

Mettre dans un bocal le rhum, le sucre, le curcuma pilé et le jus de citron.

Garder au frais, au sec et à l'ombre, pendant 1 mois. Au bout de ce temps, filtrer le tout.

Goûter. Ajouter du sucre au besoin. Remettre à macérer encore 1 mois.

Rhum litchis

1 l de rhum / 500 g de litchis / 2 cuil. à soupe de miel / 2 clous de girofle / 1 gousse de vanille / 1 bâton de cannelle / 5 cuil. à soupe de sucre roux.

○○●● ✖   Pour 1 l de rhum arrangé

Verser le rhum dans un bocal. Y ajouter les litchis décortiqués et dénoyautés. Ajouter le miel dissous dans un peu de rhum, les clous de girofle, la gousse de vanille fendue sur sa longueur et un bâton de cannelle. Ajouter le sucre roux au bout de 1 mois. Laisser macérer encore 2 mois.

Rhum bibasses

1 l de rhum blanc / 8 cuil. à soupe de sucre roux / 1 gousse de vanille / 4 grains de café grillés / 8 grains de bibasse / 1 kg de bibasses.

○○●● ✖   Pour 1 l de rhum arrangé

Dans un bocal, verser le rhum. Ajouter le sucre, la vanille, les grains de café, les grains de bibasse et les bibasses coupées en deux et épépinées. Bien mélanger et fermer.

Laisser macérer pendant 1 mois avant de filtrer en utilisant un filtre à café.

Rhum mandarine

Le zeste de 3 grosses mandarines / 1 l de rhum blanc / 10 cuil. à soupe de sucre roux.

○● ✖   Pour 1 l de rhum arrangé

Éplucher les mandarines et introduire le zeste dans le bocal de rhum, puis fermer. Mélanger et laisser macérer pendant 1 semaine.

Lorsque le rhum vire au jaune, ajouter le sucre. Laisser macérer 2 mois avant de consommer.

Rhum du goyavier

700 g de goyaves bien mûres / 1 gousse de vanille / 1 l de rhum / 10 g de sucre roux / 1 bâton de cannelle.

◯◯**OO** ✕　　　　　　　　　　Pour 1 l de rhum arrangé

Laver et équeuter les goyaves. En couper 350 g environ en deux.

Fendre la vanille en long.

Mettre dans un bocal le rhum, les goyaves coupées en deux et les autres entiers, le sucre ainsi que la vanille et la cannelle. Laisser macérer 1 mois au minimum.

Rhum carambole

4 caramboles bien mûres / 1 l de rhum / 1 gousse de vanille / 2 ou 3 cuil. à soupe de sirop de sucre de canne.

◯◯◯**O** ✕　　　　　　　　　　Pour 1 l de rhum arrangé

Laver les caramboles et en couper deux en lamelles. Mettre les autres entières dans un bocal avec 1 l de rhum. Ajouter la gousse de vanille fendue sur sa longueur. Laisser macérer pendant 4 à 6 mois.

Ajouter alors, selon son goût, le sirop de sucre de canne. Laisser reposer encore 2 semaines avant consommation.

Rhum gingembre

1 l de rhum / 250 g de gingembre frais coupé en morceaux / 1 gousse de vanille fendue / 3 cuil. à soupe de sucre roux.

OO ✕　　　　　　　　　　Pour 1 l de rhum arrangé

Mélanger et laisser macérer 1 mois.

Rhum ananas

1 l de rhum blanc / 2 ananas / 2 gousses de vanille fendues sur la longueur / 4 cuil. à soupe de miel.

Pour 1 l de rhum arrangé

    Ajouter au rhum l'ananas coupé en morceaux, 1 gousse de vanille et le miel. Laisser macérer pendant 2 mois.

    Puis transvaser le rhum en le filtrant (utiliser un entonnoir et un filtre à café).

    Jeter l'ananas, récupérer la vanille et ajouter la seconde gousse fraîche. Fermer hermétiquement.

    Le rhum ananas se sert le plus souvent comme digestif et se conserve plusieurs mois.

Rhum banane-figue

4 ou 5 bananes-figue / 1 l de rhum / 1 gousse de vanille / 2 ou 3 cuil. à soupe de sucre roux.

○○○○○ ⚔

Pour 1 l de rhum arrangé

Éplucher les bananes et les couper en deux. Les mettre dans un bocal contenant 1 l de rhum et ajouter la gousse de vanille fendue en deux dans sa longueur. Laisser macérer 4 à 6 mois.

Ajouter alors, selon le goût, le sucre roux et laisser reposer encore 2 semaines avant consommation.

Vous pouvez remplacer les bananes-figue par 2 ou 3 bananes.

Rhum coco

300 g de noix de coco tendre ou sèche selon le goût / 1 l de rhum / 1 gousse de vanille / Cannelle / 2 ou 3 cuil. à soupe de sirop de sucre de canne.

○○○ ✗✗

Pour 1 l de rhum arrangé

Casser la noix, en retirer la pulpe et la mettre dans un bocal avec 1 l de rhum. Ajouter la gousse de vanille fendue sur sa longueur et la cannelle. Laisser macérer 4 à 6 mois.

Ajouter alors, selon le goût, le sirop de sucre de canne et laisser reposer encore 2 semaines avant consommation.

Il est tout à fait possible de remplacer la chair de coco par le lait d'une noix entière.

Rhum « varangue »

1 l de rhum / 1 citron vert / 3 citrons / 1 orange / 3 anis étoilés / 2 gousses de vanille / 4 ou 5 feuilles de citronnelle.

Pour 1 l de rhum arrangé

Verser le rhum dans un bocal, ajouter le jus du citron vert, le zeste des citrons, ainsi que l'orange entière, l'anis étoilé, les gousses de vanille fendues et la citronnelle.

Fermer le bocal et laisser macérer tous ces ingrédients pendant 1 mois.

Rhum raisins

1 kg de beaux raisins / 250 g de sucre roux / 1 l de rhum / 1 noix de muscade.

Pour 1 l de rhum arrangé

Laver les grains de raisin. Les sécher avec un linge, puis couper les grains en deux. Les mettre dans un bocal par couches, en alternant raisin et sucre roux. Couvrir avec le rhum et de la muscade râpée.

Fermer le bocal et laisser macérer 3 mois environ.

Rhum des îles

2 feuilles de citronnelle / 1 gousse de vanille / 4 feuilles de cannelle / Le zeste de 1 orange / 3 verres de rhum.

Pour 3 verres de rhum arrangé

Mettre tous les ingrédients à macérer dans le rhum pendant au moins 1 mois.

Punch 44

1 orange / 44 grains de café grillés / 3 clous de girofle / 1 l de rhum / 1 gousse de vanille / Sucre roux.

○○**○○** ✗✗   Pour 1 l de rhum arrangé

Éplucher l'orange en un seul zeste, sans toutefois le détacher complètement du fruit. Piquer ensuite l'orange avec les 44 grains de café et les 3 clous de girofle, puis l'attacher avec une ficelle suffisamment longue pour qu'elle puisse dépasser de chaque côté du bocal.

Suspendre l'orange dans le bocal contenant 1 l de rhum, à l'aide de la ficelle, tout en veillant bien à ce que l'orange ne soit pas en contact avec le rhum. La pelure, elle, doit, au contraire, baigner dans le rhum. Ajouter une gousse de vanille en long. Fermer hermétiquement le bocal et laisser macérer 4 à 6 mois.

Sucrer ensuite selon le goût.

Rhum passion

15 fruits de la passion / 1 l de rhum / 1 gousse de vanille /
1 feuille de cannelle ou cannelle en poudre / 2 ou 3 cuil. à
soupe de sirop de sucre de canne.

Pour 1 l de rhum arrangé   ✖ ⬤⬤◯◯

Couper les fruits en deux et récupérer le contenu avec
une cuillère. Les mettre dans un bocal contenant le rhum.
Incorporer la gousse de vanille fendue dans sa longueur et
la cannelle.

Après 4 à 6 mois de macération, ajouter, selon le goût,
le sirop de sucre de canne et laisser macérer 15 jours
avant consommation.

Rhum boucanier

150 g de filet mignon de porc / 1 l de rhum vieux.

◯◯◯◯⬤ ✗　　　　　　　　　　Pour 1 l de rhum arrangé

Plonger le filet mignon dans le rhum vieux. Laisser ainsi macérer cette viande pendant 1 mois ou 2, puis la jeter.

Votre rhum aura alors pris un sacré coup de vieux !

Rhum melon

1 melon / 1 l de rhum / Noix de muscade / Menthe fraîche.

◯◯◯◯⬤ ✗　　　　　　　　　　Pour 1 l de rhum arrangé

Couper le melon en dés et mettre ces derniers dans un bocal contenant le rhum pendant 15 jours.

Filtrer et jeter les restes du melon.

Ajouter un peu de noix de muscade râpée et ajouter 3 feuilles de menthe fraîche dans la solution obtenue.

Rhum pistache

250 g de pistaches / 25 g de lait concentré / 1 l de rhum.

Pour 1 l de rhum arrangé

✗✗ ●●○○

    Mixer les pistaches épluchées avec le lait concentré en ajoutant un verre d'eau. Compléter avec le rhum et verser le tout dans un bocal. Laisser macérer 1 mois.

Rhum pruneaux

500 g de pruneaux / 1 l de rhum blanc / 1 gousse de vanille / Cannelle / 1 citron / Sirop de sucre de canne.

Pour 1 l de rhum arrangé

✗ ●○○○○

    Dénoyauter les pruneaux, les couper en morceaux et les mettre dans le bocal avec le rhum. Ajouter la gousse de vanille fendue sur sa longueur, la cannelle et le zeste de citron.

    Sucrer au sirop de sucre de canne. Fermer le bocal et laisser macérer 1 ou 2 mois.

Rhum combava

1 l de rhum / Le zeste de 2 combavas / 1 combava entier / 1 gousse de vanille / 1 feuille de cannelle ou cannelle en poudre / 10 g de sucre roux.

Pour 1 l de rhum arrangé

Mettre dans le bocal de rhum les zestes de 2 combavas et le troisième fruit coupé en deux. Ajouter la vanille, la cannelle et le sucre.

Laisser macérer 4 à 6 mois.

Rhum matouba

200 g de lait concentré / 500 g de framboises / 2 cuil. à soupe de sirop de sucre de canne / 1 l de rhum blanc.

Pour 1 l de rhum arrangé

Mettre dans le bocal le lait concentré et les framboises. Sucrer avec le sirop de sucre de canne et compléter avec le rhum. Fermer.

Secouer le bocal pour mélanger et laisser macérer 2 mois environ.

Rhum orange

6 oranges fermes mais bien mûres / 2 l de rhum blanc / Le jus de 1 citron vert et 4 ou 5 zestes / 1 gousse de vanille / Cannelle en poudre / 10 g de sucre roux.

Pour 2 l de rhum arrangé

Éplucher les oranges en enlevant les fibres et les petites peaux. Mettre les quartiers d'orange après les avoir piqués avec une fourchette, dans le bocal contenant le rhum. Ajouter le jus de citron, les zestes, la vanille fendue et un peu de cannelle.

Laisser macérer 15 jours.

Ajouter le sucre roux et laisser à nouveau 15 jours.

Rhum goyave

4 ou 5 goyaves moyennes / 1 l de rhum / 1 gousse de vanille / 1 feuille de cannelle ou cannelle en poudre / 2 ou 3 cuil. à soupe de sirop de sucre de canne.

○○**OO** ✖   Pour 1 l de rhum arrangé

Laver les fruits et les couper en quatre. Les mettre dans un bocal contenant le rhum. Incorporer la gousse de vanille fendue dans sa longueur et la cannelle.

Après 4 à 6 mois de macération, ajouter selon le goût le sirop de sucre de canne et laisser macérer 15 jours avant consommation.

Rhum tamarin

1 kg de tamarins mûrs / 1 l de rhum / 1 gousse de vanille / 2 ou 3 cuil. à soupe de sirop de sucre de canne.

○○**OO** ✖✖   Pour 1 l de rhum arrangé

Casser les tamarins et récupérer leur contenu dans un bol. Les mettre dans un bocal contenant le rhum. Incorporer la gousse de vanille fendue dans sa longueur.

Après 4 à 6 mois de macération ajouter, selon le goût, le sirop de canne et laisser macérer 15 jours avant consommation.

Rhum zatte

3 zattes bien mûres / 1 l de rhum / 1 gousse de vanille / 2 ou 3 cuil. à soupe de sirop de sucre de canne.

○**O** ✖   Pour 1 l de rhum arrangé

Éplucher les zattes. Les mettre dans un bocal contenant le rhum. Incorporer la gousse de vanille fendue dans sa longueur.

Après 4 à 6 mois de macération, ajouter, selon son goût, le sirop de sucre de canne et laisser macérer 15 jours avant consommation.

Rhum citron

*1 l de rhum blanc / 1 citron coupé en fines lamelles /
3 cuil. à soupe de sucre roux / 1 gousse de vanille fendue
sur toute la longueur.*

Pour 1 l de rhum arrangé

✗ ⭘ ◯ ◯ ◯

Mettre tous les ingrédients dans un bocal fermé.
Ne pas laisser macérer plus de 15 jours.

Rhum fraise

500 g de fraises / 1 l de rhum / 1 gousse de vanille / 2 ou 3 cuil. à soupe de sirop de sucre de canne.

○○**OO** ✗   Pour 1 l de rhum arrangé

Équeuter les fraises, les laver et les égoutter. Les mettre dans un bocal contenant le rhum. Incorporer la gousse de vanille fendue dans sa longueur.

Après 4 à 6 mois de macération, ajouter selon le goût le sirop de sucre de canne et laisser macérer 15 jours avant consommation.

Rhum grenade

2 grenades moyennes et bien mûres aux grains rouges ou rosés / 1 l de rhum / 1 gousse de vanille / 1 feuille de can-nelle ou cannelle en poudre / 2 ou 3 cuil. à soupe de sirop de sucre de canne.

○○○**O** ✗   Pour 1 l de rhum arrangé

Retirer tous les grains des grenades et les mettre dans le rhum avec la vanille et la cannelle.

Après 4 à 6 mois de macération, ajouter selon le goût le sirop de sucre de canne et laisser macérer 15 jours avant consommation.

Rhum longane

40 à 50 longanes / 1 l de rhum / 1 gousse de vanille / 1 feuille de cannelle ou cannelle en poudre / 2 ou 3 cuil. à soupe de sirop de sucre de canne.

OO ✗   Pour 1 l de rhum arrangé

Éplucher les longanes et les mettre entiers dans un bo-cal contenant le rhum. Incorporer la gousse de vanille fen-due dans sa longueur et la cannelle.

Après 4 à 6 mois de macération, ajouter selon le goût le sirop de sucre de canne et laisser macérer 15 jours avant consommation.

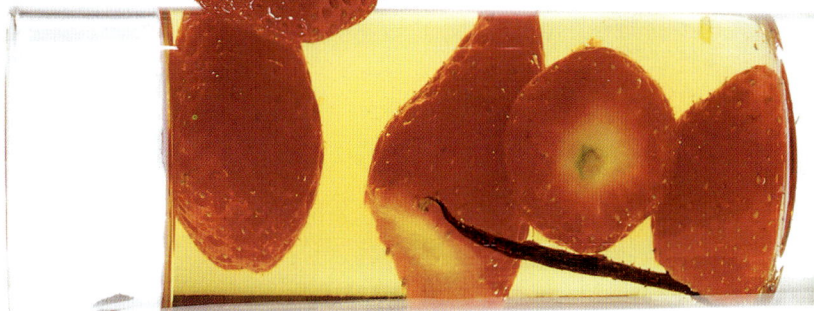

Rhum anis

1 bouquet d'anis / 1 l de rhum / 3 cuil. à soupe de sucre roux / 2 citrons galets / Clous de girofle / Muscade / 1 bâton de cannelle.

◯◯◯**O** ✗   Pour 1 l de rhum arrangé

Laver le bouquet d'anis et l'égoutter.

Dans un bocal, mettre tous les ingrédients. Bien mélanger, puis refermer.

Laisser macérer 1 mois.

Rhum cannelle

1 l de rhum / 6 bâtons de cannelle séchée / 3 cuil. à soupe de sucre roux.

◯◯◯**O** ✗   Pour 1 l de rhum arrangé

Mélanger et laisser macérer 2 mois.

Rhum faham

1 l de rhum / 1 poignée de faham / 5 cuil. à soupe de sucre roux.

◯**O** ✗   Pour 1 l de rhum arrangé

Faire macérer le tout 1 mois.

Rhum papaye

1 papaye bien mûre / 1 l de rhum / 1 gousse de vanille / 1 bâton de cannelle / 2 ou 3 cuil. à soupe de sirop de sucre de canne.

Pour 1 l de rhum arrangé

Éplucher la papaye, en retirer tous les grains et la couper en gros morceaux. Mettre ces derniers dans le rhum avec la vanille et la cannelle.

Après 4 à 6 mois de macération, ajouter selon le goût le sirop de sucre de canne et laisser macérer 15 jours avant consommation.

Rhum la paille

1 gousse de vanille / 1 cœur de pêcher / 1 branche de faham / 2 noyaux de bibasses / 2 lamelles de gingembre / La peau de 1/2 orange / 2 cuil. à café de sucre roux / 1 zeste de combava gros comme l'ongle / 1 l de rhum.

Pour 1 l de rhum arrangé

Laisser la vanille entière.

Pour les feuilles de pêcher, choisir les 4 ou 5 petites feuilles terminales les plus tendres (en mettre plus donnerait une boisson vraiment amère).

Mettre tous les ingrédients dans le rhum. Laisser macérer à l'abri un bon mois.

Autre rhum vanille

10 gousses de vanille / 1 écorce entière d'orange / 2 l de rhum / 1 branche de faham / 15 cuil. à café de sucre roux / Le jus de 2 citrons jaunes / 2 cuil. à soupe de caramel liquide / 2 grains de bibasse.

○●●● ✖✖   Pour 2 l de rhum vanille

Fendre les gousses de vanille.

Laver l'orange avant de la peler d'un seul tenant.

Mettre tous les ingrédients dans un contenant. Fermer et laisser macérer 6 semaines.

Rhum faham et bibasse

1 l de rhum / 1 branche de faham / 6 graines de bibasse lavées et séchées / 1 gousse de vanille.

○○○● ✖   Pour 1 l de rhum arrangé

Verser le rhum dans le contenant de votre choix. Introduire la branche de faham, les graines de bibasse, la gousse de vanille fendue dans le sens de la longueur.

Laisser macérer 1 mois.

Rhum jujubes

1 gousse de vanille / 1 citron galet / 1 kg de jujubes / Clous de girofle / 1 l de rhum / Muscade / Cannelle.

●● ✖   Pour 1 l de rhum arrangé

Fendre la vanille. Couper le citron en deux.

Mettre dans un contenant les jujubes entiers et piqués de clous de girofle. Ajouter le rhum, la vanille, le citron, la muscade râpée, un morceau de cannelle. Fermer.

Laisser macérer 1 mois.

Brûlot

7 cl de rhum blanc.

◯◯◯◯◯ ✕   Pour 1 personne

Verser le rhum dans un verre à anse de 12 cl, le faire flamber et le boire aussitôt après, avec précaution.

Café Ô rhum

5 cl de punch vieux (p. 14) / 5 cl de crème de vanille / 5 cl de café / 1 jaune d'œuf / Une pincée de cannelle ou de noix de muscade râpée.

◯◯◯◯◯ ✕✕✕   Pour 1 personne

Mettre tous les ingrédients dans une casserole. Passer au fouet pour bien mélanger. Faire chauffer la préparation en remuant de temps en temps à la cuillère en bois.

Quand le mélange est bien chaud, mais non bouillant, le transvaser dans un shaker. Secouer énergiquement et verser dans un verre à anse de 25 cl. Boire aussitôt.

Grog aux agrumes

2 oranges / 1 citron / 75 g de cassonade / 1 bâton de cannelle / 2 clous de girofle / 20 cl de rhum blanc.

◯◯◯ ✕✕   Pour 4 personnes

Presser les oranges et le citron et couper le zeste des fruits en grosses lamelles.

Verser 1/2 l d'eau dans une casserole avec la cassonade, les écorces des agrumes et les épices. Porter à ébullition en mélangeant de temps en temps, puis laisser bouillir 5 minutes en remuant constamment avec une cuillère en bois.

Hors du feu, ajouter le rhum et le jus des fruits. Bien remuer. Filtrer.

Verser dans des verres à anse de 25 cl et boire aussitôt.

Grog antillais

100 g de gingembre frais / 2 citrons verts / 150 g de casso-nade / 1/2 cuil. à café d'angostura / Une pincée de poivre noir / 25 cl de rhum brun.

○○**OO** ✖✖   Pour 4 personnes

Peler et râper le gingembre.

Prélever le zeste des citrons et le couper en grosses la-melles. Recueillir le jus des 2 citrons.

Mettre 25 cl d'eau à bouillir dans une grande casserole. Ajouter la cassonade, le jus des citrons, le zeste, l'angos-tura le poivre et le gingembre frais. Faire bouillir 2 mi-nutes. Ajouter le rhum et laisser bouillir à nouveau 1 mi-nute.

Filtrer la préparation, verser dans des verres à anse de 25 cl et consommer aussitôt.

Grog à la cannelle

12 bâtonnets d'écorce fraîche de cannelle ou, mieux, une poignée de feuilles de cannelle fraîches / 40 cl de rhum brun / 2 rondelles d'orange (facultatif) / Cassonade ou si-rop de sucre de canne.

OO ✖   Pour 4 personnes

Faire bouillir 40 cl d'eau dans une casserole. Y jeter les bâtonnets ou les feuilles de cannelle et laisser infuser 10 minutes.

Filtrer cette sorte de tisane au-dessus d'une autre casse-role. Ajouter le rhum et porter à ébullition.

Mettre 1/2 tranche d'orange dans chaque verre (verres à anse de 25 cl) et verser le rhum. Sucrer à volonté. Remuer et boire aussitôt.

Vous pouvez aromatiser le grog, juste avant de le boire, avec quelques gouttes d'eau de fleur d'oranger.

Grog au beurre

2 noix de beurre / 2 ou 3 cuil. à café de cassonade /
2 clous de girofle / Une pincée de noix de muscade râpée /
10 cl de rhum brun.

Pour 1 personne

Mettre le beurre, la cassonade et les épices dans un verre à anse de 25 cl. Verser le rhum par-dessus.

Faire chauffer 10 cl d'eau et, dès que celle-ci commence à bouillir, l'ajouter au rhum. Remuer et boire aussitôt.

Grog à la citronnelle

Une poignée de citronnelle séchée / 40 cl de rhum brun /
4 rondelles de citron / Cassonade ou sirop de sucre de
canne.

Pour 4 personnes

Faire bouillir 40 cl d'eau dans une casserole. Y jeter la citronnelle et laisser infuser 10 minutes.

Filtrer cette sorte de tisane au-dessus d'une autre casserole. Ajouter le rhum et porter à ébullition.

Mettre une rondelle de citron dans chaque verre (verres à anse de 25 cl) et verser le rhum. Sucrer à volonté, remuer et boire aussitôt.

Grog classique

10 cl de rhum brun / 1 rondelle de citron / Une pincée de cannelle (facultatif) / Cassonade ou sirop de sucre de canne.

◯◯◯**O** ✕

Pour 1 personne

Mettre le rhum et la rondelle de citron dans un verre à anse de 25 cl, avec une pincée de cannelle.

Faire bouillir 10 cl d'eau et verser sur le rhum. Sucrer selon le goût, remuer et boire aussitôt.

Grog à l'écorce d'orange

Le zeste de 2 oranges non traitées / 4 bâtonnets de cannelle fraîche / 4 clous de girofle / 40 cl de rhum brun / Cassonade ou sirop de sucre de canne.

◯**O** ✕✕

Pour 4 personnes

Faire bouillir 40 cl d'eau dans une casserole. Y jeter le zeste des oranges et ajouter la cannelle et les clous de girofle. Laisser infuser 10 minutes.

Filtrer cette sorte de tisane au-dessus d'une autre casserole. Ajouter le rhum et porter à ébullition.

Verser dans des verres à anse de 25 cl, sucrer à volonté, remuer et boire aussitôt.

Grog au thé noir

10 g de thé noir / 15 cl de rhum blanc / 1 cuil. à soupe bombée de cassonade / 1 bâton de cannelle / 1 clou de girofle / 1/2 citron.

○○○**○** ✗✗ Pour 2 personnes

Faire infuser le thé 5 minutes dans 15 cl d'eau bouillante.

Filtrer au-dessus d'une autre casserole et y ajouter le rhum, le sucre, les épices et le citron coupé en rondelles. Mettre à chauffer. Quand le mélange commence à frémir, faire flamber.

Verser aussitôt dans des verres à anse de 25 cl et consommer avec précaution dès que la flamme est éteinte.

Grog au lait

1/2 l de lait / 150 g de sucre roux / 1 cuil. à café rase de cannelle en poudre / 20 cl de rhum blanc.

○**○** ✗ Pour 4 personnes

Mettre le lait à chauffer dans une casserole. Ajouter le sucre et la cannelle, faire un tour de cuillère en bois et verser le rhum. Porter doucement à ébullition.

Verser dans des verres à anse de 25 cl et consommer aussitôt.

Grog au miel

3 cl de rhum brun / 2 cuil. à soupe de miel / 15 cl de lait.

Pour 1 personne

Verser le rhum et le miel dans un verre à anse de 25 cl.
Faire chauffer le lait et le verser bouillant sur le rhum.
Remuer et consommer aussitôt.

Punch au chocolat

7 cl de rhum vieux / 15 cl de lait / 1 cuil. à café de café soluble / 2 cuil. à café de chocolat en poudre / Crème Chantilly.

Pour 1 personne

Verser le rhum vieux, le lait, le café et le chocolat dans
une casserole et mélanger. Mettre à chauffer doucement.
Quand le mélange est bien chaud, le verser dans un
verre à anse de 25 cl. Ajouter de la crème Chantilly et saupoudrer d'une pincée de chocolat en poudre.

Rhum enflammé

*1 citron vert / Cassonade ou sirop de sucre de canne / 7 cl
de rhum blanc.*

Pour 1 personne

Verser le jus de citron et le sucre dans le verre. Arroser
avec 5 cl d'eau bouillante.
Faire chauffer le rhum dans une casserole. Quand il
commence à frémir, le faire flamber puis le verser petit à
petit dans un verre à anse de 25 cl.
Quand la flamme est éteinte, mélanger et boire avec
précaution.

« Piña colada »

30 cl de jus d'ananas / 10 cl de crème de noix de coco liquide / 20 cl de glace pilée.

○○○○● ✕   Pour 2 personnes

Mettre tous les ingrédients dans un shaker et secouer énergiquement.

Servir dans des verres à cocktail givrés (noix de coco râpée/sirop d'ananas).

Décorer éventuellement de coco et d'ananas séchés.

Pomme d'amour

3 glaçons / 5 cl de nectar de banane / 5 cl de jus de pomme / 3 cl de sirop de gingembre / 5 cl de ginger ale.

Pour 1 personne

✗ ●●○○

Givrer un verre à longs drinks (sucre en poudre/sirop de gingembre).

Verser les glaçons et ajouter les jus de fruits et le sirop de gingembre. Mélanger et compléter avec le ginger ale.

Pour la décoration du verre, vous pouvez confectionner une brochette avec une pique à cocktails et des morceaux de fruits intervenant dans la recette.

Poupou Pidou

2 glaçons / 4 cl de jus de pamplemousse / 6 cl de jus d'orange / 2 cuil. à soupe de jus de citron vert / 1 trait de sirop de grenadine / 10 cl de ginger ale / 1 cerise confite (facultatif).

○○**○○** ✕   Pour 1 personne

Givrer le verre (noix de coco/curaçao bleu).

Verser les glaçons et ajouter les jus de fruits et le sirop de grenadine. Mélanger et compléter avec le ginger ale.

Décorer le verre avec une cerise confite et d'une rondelle de citron vert.

Rêve de Jade

*2 oranges / 2 kiwis / 4 litchis / 2 cuil. à soupe de jus de ci-
tron vert / 2 cerises confites (facultatif).*

Pour 1 personne

✕✕ ⬤⬤◯◯

Givrer un verre à longs drinks (sucre en poudre/cura-
çao bleu).

Presser les oranges et passer la chair des kiwis et de
3 litchis au mixeur. Mettre les jus obtenus avec celui du citron vert dans un shaker. Ajouter de la glace pilée et secouer énergiquement.

Verser dans le verre givré décoré de zeste d'orange et
d'une demi-tranche de kiwi.

Punch cocktail de fruits

1 banane / 5 cl de jus d'ananas / 5 cl de jus de papaye / 5 cl de jus de fruit de la passion / 2 cuil. à soupe de jus de citron vert / 10 cl de glace pilée / 1 trait de sirop de fraise.

○○**OO** ✕✕   Pour 1 personne

Givrer un verre à longs drinks (sucre en poudre/sirop d'ananas).

Passer la banane au mixeur. Mettre la purée obtenue dans un shaker avec tous les autres jus et la glace pilée. Bien secouer et verser dans le verre givré.

Ajouter un trait de sirop de fraise.

Punch Véronica

1 l de jus d'orange / 4 fruits de la passion / 2 gousses de vanille / 100 g de gingembre frais / 2 bâtons de cannelle / 4 citrons verts.

OO ✕✕✕   Pour 4 ou 5 personnes

Verser dans un grand plat en verre le jus d'orange, la pulpe de fruits de la passion, les gousses de vanille fendues dans le sens de la longueur, le gingembre pelé et râpé et les bâtons de cannelle.

Couper les citrons en quatre. Les presser à la main au-dessus de la mixture et les laisser tomber dans le plat. Laisser mariner au moins 12 heures avec un linge posé dessus dans un endroit frais.

La dernière heure, mettre le plat au réfrigérateur. Puis filtrer la boisson et la servir dans des verres à longs drinks, avec de la glace ou non.

Bugs Bunny

15 cl de jus d'orange / 5 cl de jus de carotte / 2 cuil. à soupe de citron vert / 5 cl de sirop de sucre de canne / Une pincée de cannelle / Une pincée de muscade / Glace pilée.

Pour 1 personne

✗ ●● ○○

Mettre tous les ingrédients dans un shaker et secouer énergiquement.

Givrer un verre à longs drinks (sucre en poudre/sirop d'orange ou de citron). Verser un peu de glace pilée, puis la préparation.

Décorer de fines tranches de carottes.

Punch fraise-kiwi

600 g de fraises / 5 kiwis / 200 g de sucre en poudre / 1/2 l de jus d'orange / 1/4 l de jus de citron / 50 cl de glaçons / 1 l d'eau gazeuse.

◯◯◯◯ ✗✗✗   Pour 10 personnes

Laver les fraises, en mettre une dizaine de côté pour la décoration des verres. Équeuter le reste et les couper en petits morceaux.

Peler les kiwis et les couper en dés.

Mettre 1 l d'eau et le sucre dans une casserole. Porter à ébullition en remuant de temps en temps à la cuillère en bois pour bien dissoudre le sucre. Maintenir l'ébullition 2 minutes puis verser les fruits. Bien mélanger à la cuillère en bois et laisser refroidir.

Ajouter le jus d'orange et le jus de citron. Mélanger à nouveau et mettre au réfrigérateur environ 2 heures.

Juste avant de servir, ajouter les glaçons et l'eau gazeuse.

Givrer des coupes (sucre en poudre/sirop de fraise) et planter une fraise fendue pour décorer.

Sweety

5 cl de jus d'ananas / 5 cl de jus de corossol / 5 cl de jus de goyave / 5 cl de jus de pamplemousse / 1 cuil. à café de sirop de canne à sucre / 2 glaçons.

◯◯ ✗   Pour 1 personne

Mettre tous les ingrédients dans un shaker et bien secouer.

Verser dans un verre à longs drinks après l'avoir givré (noix de coco râpée/sirop d'ananas).

Vous pouvez décorer le verre avec une brochette réalisée avec une pique à cocktail et quelques bonbons en guimauve en forme de fruit (fraise, banane…).

Punch Cendrillon

3 glaçons / 4 cl de jus d'ananas / 4 cl de jus d'orange / 4 cl de jus de fruit de la passion / 2 cuil. à soupe de jus de citron vert / 1 trait de sirop de fraise / 6 cl d'eau gazeuse.

OO ✗   Pour 1 personne

Givrer un verre à longs drinks (sucre en poudre/sirop de fraise).

Verser les glaçons et ajouter les jus de fruits et le sirop de fraise. Mélanger et compléter avec l'eau gazeuse.

Pour la décoration du verre, vous pouvez confectionner une brochette avec une pique à cocktail et des quartiers de fruits intervenant dans la recette ou tout simplement planter un quartier d'orange ou de citron sur le bord du verre.

LEXIQUE

Allonger : compléter une préparation avec du jus de fruits, un soda, de l'eau, du champagne…

Fizz : boisson mi-longue à base de spiritueux, de jus de citron, de sucre, d'eau gazeuse et traditionnellement de blanc d'œuf. Les fizz sont plus doux que les sours.

Frapper : mélanger énergiquement au shaker.

Givrer : humecter les bords d'un verre avec du jus de citron (ou du blanc d'œuf), puis les faire tourner dans du sucre, du sirop, de la noix de coco râpée, du cacao…

Glacer : rafraîchir un verre à l'aide de glaçons ou en le plaçant plusieurs heures au réfrigérateur.

Grog : boisson chaude à base d'eau, de sucre et de citron, et incluant un spiritueux.

Planteur : long drink à base de rhum, de jus de fruits, de sirop et parfois d'épices.

Punch : boisson à base de rhum, de sirop de sucre de canne et de jus de fruits.

Rhum : eau-de-vie élaborée à partir de la canne à sucre.

Rhum arrangé : boisson macérée à base de rhum blanc et de fruits.

Sours : short drink à base de jus de citron et de spiritueux, auxquels on ajoute, éventuellement, un peu de sucre, d'eau gazeuse et une rondelle de citron.

Ti-punch : boisson à base de rhum blanc, de jus de citron vert et de sirop de sucre de canne.

Trait : un jet liquide qui correspond environ à 1 cl.

TABLE DES RECETTES

© Dormonval, 2002
Dépôt légal 2ᵉ trim. 2002 n° 2 667

Imprimé en U.E.